1일 1장
## 아모르파티

엄마를 위한 큰글씨 손글씨

# 1일 1장
# 아모르파티

나를 사랑하게 되는 문장 따라 쓰기

독개비

_____에게 드립니다.

따뜻한 말 한 마디 건네지 못하지만
늘 감사하고 존경하며 사랑하는 마음을 담아

엄마는 늘 마음에 품고 있는 이름이지만
그 마음을 다 표현하지 못했습니다.
우리 엄마에게도 취미가 있으면 좋겠다는 마음,
집밖으로 나가기 힘든 시절 책이라도 한 권 권해드리고 싶은 마음,
내가 좋아하는 아름다운 명언들을 함께 쓰고 싶은 마음을 담았습니다.
부모님이 보시기에 편한 책은 따로 있습니다.
편안하게 읽고 음미하며 따라 쓰기 쉬운 디자인이 필요했습니다.
'1일 1장 큰글씨 손글씨' 시리즈는 그런 당신의 마음을 담았습니다.

인생에서 너무 늦거나 빠른 일은 없다.
꿈을 이루는 데 시간제한은 없다.
지금처럼 살아도 괜찮고 새 삶을 다시 시작해도 좋다.

– 스콧 피츠제럴드

미국 소설가. 《위대한 개츠비》로 세계적인 명성을 얻었다.

---

# 인생에서 너무 늦거나 빠른 일은 없다.

# 꿈을 이루는 데 시간제한은 없다.

# 지금처럼 살아도 괜찮고 새 삶을

# 다시 시작해도 좋다.

다시 시작해도 좋다.


인생에서 너무 늦거나 빠른 일은 없다.
꿈을 이루는 데 시간제한은 없다.
지금처럼 살아도 괜찮고 새 삶을
다시 시작해도 좋다.
인생에서 너무 늦거나 빠른 일은 없다.
꿈을 이루는 데 시간제한은 없다.
지금처럼 살아도 괜찮고 새 삶을
다시 시작해도 좋다.

당신은 당신이기 때문에 특별하다.
특별함에는 어떤 자격도 필요없고
당신이라는 이유 하나만으로 충분하다.

– 맥스 루카도

미국 작가, 목사. 미국 기독교계 출판의 베스트셀러 작가.

# 당신은 당신이기 때문에 특별하다.

# 특별함에는 어떤 자격도 필요없고

# 당신이라는 이유 하나만으로

# 충분하다.

충분하다.

당신은 당신이기 때문에 특별하다.
특별함에는 어떤 자격도 필요없고
당신이라는 이유 하나만으로
충분하다.
당신은 당신이기 때문에 특별하다.
특별함에는 어떤 자격도 필요없고
당신이라는 이유 하나만으로
충분하다.

별들의 비밀을 밝혀낸 사람,
미지의 땅을 향해 배를 저어간 사람,
인간의 영혼에 새로운 낙원을 연 사람 가운데
비관주의자는 단 한 명도 없었다.

– 헬렌 켈러

미국 작가. 사회복지 사업가. 세계 최초로 대학교육을 받은 시각, 청각 장애인.

별들의 비밀을 밝혀낸 사람,

미지의 땅을 향해 배를 저어간 사람,

인간의 영혼에 새로운 낙원을 연

사람 가운데 비관주의자는
단 한 명도 없었다.

별들의 비밀을 밝혀낸 사람,
미지의 땅을 향해 배를 저어간 사람,
인간의 영혼에 새로운 낙원을 연
사람 가운데 비관주의자는
단 한 명도 없었다.

행복의 비결은 폭넓은 관심을 갖는 것,
그리고 되도록 따뜻한 반응을 보이는 것이다.

― 버트런드 러셀

영국 철학자, 논리학자, 수학자, 역사학자이자 사회비평가.

행복의 비결은 폭넓은 관심을

갖는 것, 그리고 되도록

따뜻한 반응을 보이는 것이다.

행복의 비결은 폭넓은 관심을
갖는 것, 그리고 되도록
따뜻한 반응을 보이는 것이다.

이룰 수 없는 꿈을 꾸고,
이루지 못할 사랑을 하고,
이길 수 없는 적과 싸우고,
견디기 힘든 고통을 즐기며 잡을 수 없는 별을 따자.

− 세르반테스

스페인 소설가, 시인, 극작가. '유럽 최초의 베스트셀러' 《돈키호테》의 작가.

---

이룰 수 없는 꿈을 꾸고, 이루지

못할 사랑을 하고, 이길 수 없는

적과 싸우고, 견디기 힘든 고통을

# 즐기며 잡을 수 없는 별을 따자.

즐기며 잡을 수 없는 별을 따자.

이룰 수 없는 꿈을 꾸고, 이루지
못할 사랑을 하고, 이길 수 없는
적과 싸우고, 견디기 힘든 고통을
즐기며 잡을 수 없는 별을 따자.
이룰 수 없는 꿈을 꾸고, 이루지
못할 사랑을 하고, 이길 수 없는
적과 싸우고, 견디기 힘든 고통을
즐기며 잡을 수 없는 별을 따자.

서두를 필요는 없어.
반짝일 필요도 없어.
자기 자신 외에는 아무도 될 필요가 없어.

− 버지니아 울프

영국 작가, 소설가.
20세기 영미 모더니즘 문학에서 가장 중요한 작가 중 한 사람.

# 서두를 필요는 없어.

# 반짝일 필요도 없어. 자기 자신

# 외에는 아무도 될 필요가 없어.

서두를 필요는 없어.

반짝일 필요도 없어. 자기 자신

외에는 아무도 될 필요가 없어.

바람이 불지 않을 때
바람개비를 돌리는 방법은
앞으로 달려가는 것이다.

― 데일 카네기

미국 처세술 전문가, 작가. 대표작 《카네기 인간관계론》.

---

# 바람이 불지 않을 때
# 바람개비를 돌리는 방법은
# 앞으로 달려가는 것이다.

바람이 불지 않을 때
바람개비를 돌리는 방법은
앞으로 달려가는 것이다.

힘든 일에 부딪혔을 때
가장 현명하고 간단한 답은 웃음이다.

– 허먼 멜빌

미국 소설가, 시인. 대표작 《모비딕》이 있다.

힘든 일에 부딪혔을 때 가장

힘든 일에 부딪혔을 때 가장

현명하고 간단한 답은 웃음이다.

현명하고 간단한 답은 웃음이다.

힘든 일에 부딪혔을 때 가장

힘든 일에 부딪혔을 때 가장

현명하고 간단한 답은 웃음이다.

힘든 일에 부딪혔을 때 가장

현명하고 간단한 답은 웃음이다.

삶이 그대를 속일지라도
슬퍼하거나 노하지 말라.
슬픈 날을 참고 견디면 즐거운 날이 오리니.

― 알렉산드르 푸시킨

러시아 시인, 소설가. 러시아 근대문학의 창시자로 추앙받는다.

# 삶이 그대를 속일지라도

# 슬퍼하거나 노하지 말라. 슬픈 날을

# 참고 견디면 즐거운 날이 오리니.

삶이 그대를 속일지라도

슬퍼하거나 노하지 말라. 슬픈 날을

참고 견디면 즐거운 날이 오리니.

기쁨의 가치를 충분히 누리려면
기쁨을 함께 나눌 누군가가 필요하다.

– 마크 트웨인

미국 소설가. 《톰소여의 모험》이 대표작이다.

## 기쁨의 가치를 충분히 누리려면

## 기쁨을 함께 나눌 누군가가 필요하다.

## 기쁨의 가치를 충분히 누리려면

기쁨을 함께 나눌 누군가가 필요하다.

기쁨의 가치를 충분히 누리려면

기쁨을 함께 나눌 누군가가 필요하다.

당신에게 가장 중요한 시간은 현재이고,
당신에게 가장 중요한 일은 지금 하는 일이며,
당신에게 가장 중요한 사람은 지금 만나는 사람이다.

― 톨스토이

19세기 러시아 문학을 대표하는 대문호이며 사상가.
대표작 《전쟁과 평화》, 《안나 카레니나》 등.

# 당신에게 가장 중요한 시간은 현재이고, 당신에게 가장 중요한 일은 지금 하는 일이며,

당신에게 가장 중요한 사람은
당신에게 가장 중요한 사람은
지금 만나는 사람이다.
지금 만나는 사람이다.


당신에게 가장 중요한 시간은
현재이고, 당신에게 가장 중요한
일은 지금 하는 일이며,
당신에게 가장 중요한 사람은
지금 만나는 사람이다.

원래 땅 위에는 길이 없다.
지나가는 사람이 많아지면 그게 곧 길이 된다.

— 루쉰

중국 문학가, 사상가.
대표작 《광인일기》, 《아큐정전》 등.

원래 땅 위에는 길이 없다.

지나가는 사람이 많아지면

그게 곧 길이 된다.

원래 땅 위에는 길이 없다.

지나가는 사람이 많아지면

그게 곧 길이 된다.

이성은 우리가 피해야 할 일을 알려주고,
마음은 우리가 해야 할 일을 말해준다.

– 조제프 주베르
프랑스 작가, 비평가.

이성은 우리가 피해야 할 일을 알려주고, 마음은 우리가 해야 할 일을 말해준다.

이성은 우리가 피해야 할 일을
알려주고, 마음은 우리가 해야 할
일을 말해준다.

자신의 사명을 발견하고
그 일에 신념을 가진 사람은 행복하다.

– 토머스 칼라일

영국 비평가, 역사가. 19세기 사상계에 큰 영향을 끼쳤다.

---

자신의 사명을 발견하고 그 일에

자신의 사명을 발견하고 그 일에

신념을 가진 사람은 행복하다.

신념을 가진 사람은 행복하다.

자신의 사명을 발견하고 그 일에

자신의 사명을 발견하고 그 일에

신념을 가진 사람은 행복하다.

신념을 가진 사람은 행복하다.

자신의 사명을 발견하고 그 일에

자신의 사명을 발견하고 그 일에

신념을 가진 사람은 행복하다.

신념을 가진 사람은 행복하다.

자신의 사명을 발견하고 그 일에

신념을 가진 사람은 행복하다.

자신의 사명을 발견하고 그 일에

신념을 가진 사람은 행복하다.

습관은 천성보다 열배나 강하다.

- 아서 웰즐리

영국 군인 출신 정치가.
영국군 총사령관을 지냈다.

---

습관은 천성보다 열배나 강하다.

습관은 천성보다 열배나 강하다.

습관은 천성보다 열배나 강하다.

습관은 천성보다 열배나 강하다.

습관은 천성보다 열배나 강하다.

습관은 천성보다 열배나 강하다.

습관은 천성보다 열배나 강하다.

습관은 천성보다 열배나 강하다.

습관은 천성보다 열배나 강하다.

세상을 움직이려면
먼저 나 자신을 움직여야 한다.

– 소크라테스

기원전 5세기경 활동한 고대 그리스의 대표적인 철학자.

---

# 세상을 움직이려면
세상을 움직이려면
# 먼저 나 자신을 움직여야 한다.
먼저 나 자신을 움직여야 한다.
# 세상을 움직이려면
세상을 움직이려면

먼저 나 자신을 움직여야 한다.
먼저 나 자신을 움직여야 한다.
세상을 움직이려면
세상을 움직이려면
먼저 나 자신을 움직여야 한다.
먼저 나 자신을 움직여야 한다.


세상을 움직이려면
먼저 나 자신을 움직여야 한다.
세상을 움직이려면
먼저 나 자신을 움직여야 한다.

할 수 있다고 생각하기 때문에
할 수 있는 것이다.

– 베르길리우스

로마 시인. 서사시 〈아이네이스〉를 썼다.

할 수 있다고 생각하기 때문에

할 수 있다고 생각하기 때문에

할 수 있는 것이다.

할 수 있는 것이다.

할 수 있다고 생각하기 때문에

할 수 있다고 생각하기 때문에

할 수 있는 것이다.

할 수 있는 것이다.

할 수 있다고 생각하기 때문에

할 수 있다고 생각하기 때문에

할 수 있는 것이다.

할 수 있는 것이다.

할 수 있다고 생각하기 때문에

할 수 있는 것이다.

할 수 있다고 생각하기 때문에

할 수 있는 것이다.

실수하며 보낸 인생은
아무것도 하지 않고 보낸 인생보다
훨씬 존경스러울 뿐만 아니라 훨씬 더 유용하다.

– 조지 버나드 쇼

영국 극작가, 소설가, 비평가. 1925년 노벨문학상을 수상했다.

실수하며 보낸 인생은 아무것도

실수하며 보낸 인생은 아무것도

하지 않고 보낸 인생보다

하지 않고 보낸 인생보다

훨씬 존경스러울 뿐만 아니라

훨씬 존경스러울 뿐만 아니라

훨씬 더 유용하다.
훨씬 더 유용하다.


실수하며 보낸 인생은 아무것도
하지 않고 보낸 인생보다
훨씬 존경스러울 뿐만 아니라
훨씬 더 유용하다.
실수하며 보낸 인생은 아무것도
하지 않고 보낸 인생보다
훨씬 존경스러울 뿐만 아니라
훨씬 더 유용하다.

영원히 지속되는 불행은 없다.
참고 견디거나 용기를 내거나,
둘 중 하나를 선택할 테니까.

– 로맹 롤랑

프랑스 소설가, 극작가, 평론가.
《장 크리스토프》로 1915년 노벨문학상을 수상했다.

---

# 영원히 지속되는 불행은 없다.
# 참고 견디거나 용기를 내거나,
# 둘 중 하나를 선택할 테니까.

영원히 지속되는 불행은 없다.

참고 견디거나 용기를 내거나,

둘 중 하나를 선택할 테니까.

나는 어제로 돌아갈 수 없다.
오늘의 나는 어제와 다른 사람이니까.

― 루이스 캐럴

영국 수학자, 소설가, 사진가.
《이상한 나라의 앨리스》의 저자.

# 나는 어제로 돌아갈 수 없다.

# 나는 어제로 돌아갈 수 없다.

# 오늘의 나는 어제와 다른 사람이니까.

# 오늘의 나는 어제와 다른 사람이니까.

# 나는 어제로 돌아갈 수 없다.

# 나는 어제로 돌아갈 수 없다.

오늘의 나는 어제와 다른 사람이니까.

나는 어제로 돌아갈 수 없다.

오늘의 나는 어제와 다른 사람이니까.

나는 아무것도 아니기 때문에
모든 것이 되는 상상을 할 수 있다.

– 페르난두 페소아

포르투갈 시인, 작가, 문학 평론가, 번역가, 철학가.
20세기 문학에서 가장 중요한 인물 중 한 명.

나는 아무것도 아니기 때문에

나는 아무것도 아니기 때문에

모든 것이 되는 상상을 할 수 있다.

모든 것이 되는 상상을 할 수 있다.

나는 아무것도 아니기 때문에

나는 아무것도 아니기 때문에

모든 것이 되는 상상을 할 수 있다.
모든 것이 되는 상상을 할 수 있다.
나는 아무것도 아니기 때문에
나는 아무것도 아니기 때문에
모든 것이 되는 상상을 할 수 있다.
모든 것이 되는 상상을 할 수 있다.

나는 아무것도 아니기 때문에
모든 것이 되는 상상을 할 수 있다.
나는 아무것도 아니기 때문에
모든 것이 되는 상상을 할 수 있다.

세상은 아름다운 책이지만
읽지 않는 사람에게는 별 도움이 안 된다.

– 카를로 오스발도 골도니

18세기 이탈리아 베니스공국 출신 극작가, 대본가.

세상은 아름다운 책이지만 읽지 않는

사람에게는 별 도움이 안 된다.

세상은 아름다운 책이지만 읽지 않는

사람에게는 별 도움이 안 된다.

세상은 아름다운 책이지만 읽지 않는

사람에게는 별 도움이 안 된다.

자기 자신 속에 시가 담겨 있지 않다면
어느 곳에서도 시를 찾을 수 없다.

– 조제프 주베르

프랑스 작가, 비평가.

자기 자신 속에 시가 담겨 있지
않다면 어느 곳에서도 시를
찾을 수 없다.

자기 자신 속에 시가 담겨 있지
않다면 어느 곳에서도 시를
찾을 수 없다.

마음에는 자신만의 공간이 있어서
그곳을 지옥에서 천국으로도,
천국에서 지옥으로도 만들 수 있다.

— 존 밀턴

영국 시인. 셰익스피어에 버금가는 대시인으로 평가받는다.
대표작 《실낙원》.

---

# 마음에는 자신만의 공간이 있어서

# 그곳을 지옥에서 천국으로도,

# 천국에서 지옥으로도 만들 수 있다.

마음에는 자신만의 공간이 있어서

그곳을 지옥에서 천국으로도,

천국에서 지옥으로도 만들 수 있다.

무언가를 시작하는 가장 좋은 방법은
입을 닫고 몸을 움직이는 것이다.

— 월트 디즈니

미국 애니메이션 연출가, 제작자.

무언가를 시작하는 가장 좋은 방법은

입을 닫고 몸을 움직이는 것이다.

무언가를 시작하는 가장 좋은 방법은

입을 닫고 몸을 움직이는 것이다.

무언가를 시작하는 가장 좋은 방법은

입을 닫고 몸을 움직이는 것이다.

나는 사소하고 하찮은 것들을 사랑한다.
시련이 닥치면 그것들이 나를 지탱하는
원천이 되어주기 때문이다.

— 오스카 와일드

아일랜드 출신 극작가, 소설가, 시인, 동화 작가.
대표작 《행복한 왕자》, 《도리언 그레이의 초상》 등.

나는 사소하고 하찮은 것들을

사랑한다. 시련이 닥치면

그것들이 나를 지탱하는 원천이

되어주기 때문이다.
되어주기 때문이다.


나는 사소하고 하찮은 것들을
사랑한다. 시련이 닥치면
그것들이 나를 지탱하는 원천이
되어주기 때문이다.
나는 사소하고 하찮은 것들을
사랑한다. 시련이 닥치면
그것들이 나를 지탱하는 원천이
되어주기 때문이다.

천하태평처럼 보이는 사람들도
마음 깊은 곳을 두드려보면
어딘가 슬픈 소리가 난다.

— 나쓰메 소세키

일본 메이지 시대의 대표적 작가.
대표작 《마음》, 《도련님》 등.

천하태평처럼 보이는 사람들도

마음 깊은 곳을 두드려보면

어딘가 슬픈 소리가 난다.

천하태평처럼 보이는 사람들도
마음 깊은 곳을 두드려보면
어딘가 슬픈 소리가 난다.

사람들은 오랜 친구에 대해서는
아무것도 모르면서 새로 사귄 친구에 대해서는
모든 것을 알고 싶어 한다.

− 오스카 와일드

아일랜드 출신 극작가, 소설가, 시인, 동화 작가.
대표작 《행복한 왕자》, 《도리언 그레이의 초상》 등.

사람들은 오랜 친구에 대해서는

아무것도 모르면서 새로 사귄 친구에

대해서는 모든 것을 알고 싶어 한다.

사람들은 오랜 친구에 대해서는
아무것도 모르면서 새로 사귄 친구에
대해서는 모든 것을 알고 싶어 한다.

까치발로는 오래 서 있지 못하고,
큰 걸음으로는 멀리 가지 못한다.

― 노자

중국 춘추시대의 사상가.
도가철학의 시조이며 《도덕경》의 지은이로 전한다.

---

# 까치발로는 오래 서 있지 못하고,

까치발로는 오래 서 있지 못하고,

# 큰 걸음으로는 멀리 가지 못한다.

큰 걸음으로는 멀리 가지 못한다.

# 까치발로는 오래 서 있지 못하고,

까치발로는 오래 서 있지 못하고,

큰 걸음으로는 멀리 가지 못한다.

까치발로는 오래 서 있지 못하고,

큰 걸음으로는 멀리 가지 못한다.

평생 좋은 기회를 만나지 못한 사람은 없다.
다만 그것을 잡지 못했을 뿐.

– 앤드루 카네기

미국 기업인, 자선사업가.
카네기철강회사를 설립하고 '강철왕'이라 불렸다.

평생 좋은 기회를 만나지 못한 사람은
없다. 다만 그것을 잡지 못했을 뿐.
평생 좋은 기회를 만나지 못한 사람은

없다. 다만 그것을 잡지 못했을 뿐.

평생 좋은 기회를 만나지 못한 사람은

없다. 다만 그것을 잡지 못했을 뿐.

성공이라는 못을 박으려면
끈질김이라는 망치가 필요하다.

– 존 메이슨
강연가. 인사이트 인터내셔널 창립자.

---

# 성공이라는 못을 박으려면

성공이라는 못을 박으려면

# 끈질김이라는 망치가 필요하다.

끈질김이라는 망치가 필요하다.

# 성공이라는 못을 박으려면

성공이라는 못을 박으려면

끈질김이라는 망치가 필요하다.

성공이라는 못을 박으려면

끈질김이라는 망치가 필요하다.

당신을 더욱 높이 올려줄 사람만을
가까이 하세요.

– 오프라 윈프리

미국 방송인. '오프라 윈프리 쇼'의 진행자미며 '토크쇼의 여왕'으로 불린다.

당신을 더욱 높이 올려줄 사람만을

가까이 하세요.

당신을 더욱 높이 올려줄 사람만을

가까이 하세요.

당신을 더욱 높이 올려줄 사람만을

가까이 하세요.

인생에는 정답이 없습니다.
자기가 선택한 대로 사는 것뿐입니다.

— 법륜

승려. 평화재단이사장이며 정토회 지도법사.

# 인생에는 정답이 없습니다. 자기가

# 선택한 대로 사는 것뿐입니다.

# 인생에는 정답이 없습니다. 자기가

선택한 대로 사는 것뿐입니다.

인생에는 정답이 없습니다. 자기가

선택한 대로 사는 것뿐입니다.

인간의 의미는 그가 이룬 것에 있지 않고,
오히려 그가 그토록 이루려 하는 열망 속에 있다.

– 카비르

인도 종교가, 바크티 운동가, 사상가.

---

# 인간의 의미는 그가 이룬 것에

# 있지 않고, 오히려 그가 그토록

# 이루려 하는 열망 속에 있다.

인간의 의미는 그가 이룬 것에
있지 않고, 오히려 그가 그토록
이루려 하는 열망 속에 있다.

쉬운 일은 어려운 것처럼 시도하고,
어려운 일은 쉬운 것처럼 시도해야 한다.

− 발타자르 그라시안

스페인 철학자, 작가, 신부.

# 쉬운 일은 어려운 것처럼 시도하고,

# 어려운 일은 쉬운 것처럼

# 시도해야 한다.

쉬운 일은 어려운 것처럼 시도하고,
어려운 일은 쉬운 것처럼
시도해야 한다.

밝은 성격은 어떤 재산보다도 귀하다.

– 앤드루 카네기

미국 기업인, 자선사업가.
카네기철강회사를 설립하고 '강철왕'이라 불렸다.

밝은 성격은 어떤 재산보다도 귀하다.

밝은 성격은 어떤 재산보다도 귀하다.

밝은 성격은 어떤 재산보다도 귀하다.

밝은 성격은 어떤 재산보다도 귀하다.

밝은 성격은 어떤 재산보다도 귀하다.

밝은 성격은 어떤 재산보다도 귀하다.

밝은 성격은 어떤 재산보다도 귀하다.

밝은 성격은 어떤 재산보다도 귀하다.

밝은 성격은 어떤 재산보다도 귀하다.

밝은 성격은 어떤 재산보다도 귀하다.

밝은 성격은 어떤 재산보다도 귀하다.

밝은 성격은 어떤 재산보다도 귀하다.

음악은 인생의 어두운 밤을 비추는
한 줄기 달빛이다.

― 장 폴 리히터

독일 소설가. 레싱이나 괴테와 비견되기도 한다.

음악은 인생의 어두운 밤을 비추는

한 줄기 달빛이다.

음악은 인생의 어두운 밤을 비추는

한 줄기 달빛이다.

한 줄기 달빛이다.

음악은 인생의 어두운 밤을 비추는

음악은 인생의 어두운 밤을 비추는

한 줄기 달빛이다.

한 줄기 달빛이다.

음악은 인생의 어두운 밤을 비추는
한 줄기 달빛이다.
음악은 인생의 어두운 밤을 비추는
한 줄기 달빛이다.

뜨거운 열정보다 중요한 것은
지속적인 열정이다.

— 마크 주커버그

미국 기업인, 소셜네트워크 페이스북 창업자.

뜨거운 열정보다 중요한 것은

뜨거운 열정보다 중요한 것은

지속적인 열정이다.

지속적인 열정이다.

뜨거운 열정보다 중요한 것은

뜨거운 열정보다 중요한 것은

지속적인 열정이다.

지속적인 열정이다.

뜨거운 열정보다 중요한 것은

뜨거운 열정보다 중요한 것은

지속적인 열정이다.

지속적인 열정이다.

뜨거운 열정보다 중요한 것은

지속적인 열정이다.

뜨거운 열정보다 중요한 것은

지속적인 열정이다.

먼저 당신의 가치를 발견하라.
그것보다 소중한 것은 없다.

– 장자

중국 전국시대 철학자.
노자와 마찬가지로 '도'를 천지 만물의 근본 원리로 삼았다.

---

# 먼저 당신의 가치를 발견하라.
# 먼저 당신의 가치를 발견하라.
# 그것보다 소중한 것은 없다.
# 그것보다 소중한 것은 없다.
# 먼저 당신의 가치를 발견하라.
# 먼저 당신의 가치를 발견하라.

그것보다 소중한 것은 없다.

그것보다 소중한 것은 없다.

먼저 당신의 가치를 발견하라.

먼저 당신의 가치를 발견하라.

그것보다 소중한 것은 없다.

그것보다 소중한 것은 없다.


먼저 당신의 가치를 발견하라.

그것보다 소중한 것은 없다.

먼저 당신의 가치를 발견하라.

그것보다 소중한 것은 없다.

자신을 사랑하는 법을 아는 것이
가장 위대한 사랑입니다.

– 마이클 매서

미국 작곡가이며 대중음악 프로듀서.

---

자신을 사랑하는 법을 아는 것이

자신을 사랑하는 법을 아는 것이

가장 위대한 사랑입니다.

가장 위대한 사랑입니다.

자신을 사랑하는 법을 아는 것이

자신을 사랑하는 법을 아는 것이

가장 위대한 사랑입니다.

자신을 사랑하는 법을 아는 것이

가장 위대한 사랑입니다.

자신의 능력을 믿어야 한다.
그리고 끝까지 굳세게 밀고 나가라.

- 로잘린 카터
미국 수필가, 사회운동가.
제39대 미국 대통령의 부인.

자신의 능력을 믿어야 한다.

자신의 능력을 믿어야 한다.

그리고 끝까지 굳세게 밀고 나가라.

그리고 끝까지 굳세게 밀고 나가라.

자신의 능력을 믿어야 한다.

자신의 능력을 믿어야 한다.

그리고 끝까지 굳세게 밀고 나가라.

그리고 끝까지 굳세게 밀고 나가라.

자신의 능력을 믿어야 한다.

자신의 능력을 믿어야 한다.

그리고 끝까지 굳세게 밀고 나가라.

그리고 끝까지 굳세게 밀고 나가라.

자신의 능력을 믿어야 한다.

그리고 끝까지 굳세게 밀고 나가라.

자신의 능력을 믿어야 한다.

그리고 끝까지 굳세게 밀고 나가라.

세 사람이 함께 길을 가면
반드시 나의 스승 될 사람이 있다.

− 공자

중국 고대 사상가.
동아시아 인문주의의 원형으로 꼽힌다.

# 세 사람이 함께 길을 가면

# 반드시 나의 스승 될 사람이 있다.

# 세 사람이 함께 길을 가면

반드시 나의 스승 될 사람이 있다.

세 사람이 함께 길을 가면

반드시 나의 스승 될 사람이 있다.

삶이 열려 있음을 아는 것,
다음 산을 넘고 다음 골목으로 접어들면
아직 알지 못하는 지평이 놓여 있으리라는 기대는
늘 우리를 행복하게 한다.

– 헬무트 두비엘

독일 사회학자, 기센 대학 사회학 교수. 파킨슨병 투병기 《시간이 멈춘 자리에서》의 저자.

# 삶이 열려 있음을 아는 것,

# 다음 산을 넘고 다음 골목으로

# 접어들면 아직 알지 못하는 지평이

놓여 있으리라는 기대는
늘 우리를 행복하게 한다.

나는 어제 일어난 일은 생각하지 않는다.
내일 일어날 일을 자문하지도 않는다.
나에게 중요한 것은 오늘, 이 순간에 일어나는 일이다.

— 니코스 카잔차키스

그리스 시인, 소설가, 극작가.
대표작 《그리스인 조르바》.

---

# 나는 어제 일어난 일은 생각하지 않는다. 내일 일어날 일을 자문하지도 않는다. 나에게 중요한 것은 오늘,

이 순간에 일어나는 일이다.
이 순간에 일어나는 일이다.

나는 어제 일어난 일은 생각하지 않는다. 내일 일어날 일을 자문하지도 않는다. 나에게 중요한 것은 오늘, 이 순간에 일어나는 일이다.
나는 어제 일어난 일은 생각하지 않는다. 내일 일어날 일을 자문하지도 않는다. 나에게 중요한 것은 오늘, 이 순간에 일어나는 일이다.

말을 후회한 적은 있어도
침묵을 후회한 적은 없다.

– 푸블릴리우스 시루스

로마 작가, 풍자 시인.

---

# 말을 후회한 적은 있어도

말을 후회한 적은 있어도

# 침묵을 후회한 적은 없다.

침묵을 후회한 적은 없다.

# 말을 후회한 적은 있어도

말을 후회한 적은 있어도

침묵을 후회한 적은 없다.

말을 후회한 적은 있어도

침묵을 후회한 적은 없다.

직시한다고 해서 모든 것이
변하는 것은 아니다. 그러나 직시하지 않고서는
아무것도 바꿀 수 없다.

— 제임스 볼드윈

미국 작가. 흑인들의 종교 체험을 다룬 《산에 올라 고하여라》의 저자.

# 직시한다고 해서 모든 것이 변하는 것은 아니다. 그러나 직시하지 않고서는 아무것도 바꿀 수 없다.

직시한다고 해서 모든 것이 변하는 것은 아니다. 그러나 직시하지 않고서는 아무것도 바꿀 수 없다.

봄에 여행을 떠나지 않는 자는
봄을 잃어버리는 것과 마찬가지다.

– 이탈리아 격언

---

# 봄에 여행을 떠나지 않는 자는
봄에 여행을 떠나지 않는 자는
# 봄을 잃어버리는 것과 마찬가지다.
봄을 잃어버리는 것과 마찬가지다.
# 봄에 여행을 떠나지 않는 자는
봄에 여행을 떠나지 않는 자는

봄을 잃어버리는 것과 마찬가지다.

봄에 여행을 떠나지 않는 자는

봄을 잃어버리는 것과 마찬가지다.

인생이 웃어주기를 바란다면
먼저 인생을 향해 미소를 지어라.

– 스피노자

네덜란드 철학자. 대표작 《에티카》.

---

# 인생이 웃어주기를 바란다면

인생이 웃어주기를 바란다면

# 먼저 인생을 향해 미소를 지어라.

먼저 인생을 향해 미소를 지어라.

# 인생이 웃어주기를 바란다면

인생이 웃어주기를 바란다면

먼저 인생을 향해 미소를 지어라.

먼저 인생을 향해 미소를 지어라.

인생이 웃어주기를 바란다면

인생이 웃어주기를 바란다면

먼저 인생을 향해 미소를 지어라.

먼저 인생을 향해 미소를 지어라.

인생이 웃어주기를 바란다면

먼저 인생을 향해 미소를 지어라.

인생이 웃어주기를 바란다면

먼저 인생을 향해 미소를 지어라.

내 내면이 풍요롭지 않다면
풍경의 아름다움에 무슨 소용이 있겠는가?
내 삶이 아름답지 않다면
아무리 아름다운 풍경일지라도 의미가 없다.

– 헨리 데이비드 소로

미국 사상가, 문학가. 생태주의자의 효시라 불리며 《월든》의 저자.

# 내 내면이 풍요롭지 않다면 풍경의

# 아름다움에 무슨 소용이 있겠는가?

# 아무리 아름다운 풍경일지라도

# 의미가 없다.
의미가 없다.

내 내면이 풍요롭지 않다면 풍경의 아름다움에 무슨 소용이 있겠는가? 아무리 아름다운 풍경일지라도 의미가 없다.
내 내면이 풍요롭지 않다면 풍경의 아름다움에 무슨 소용이 있겠는가? 아무리 아름다운 풍경일지라도 의미가 없다.

당신 그대로의 모습으로 미움받는 것이
당신답지 못한 모습으로 사랑받는 것보다 낫다.

– 앙드레 지드

프랑스 소설가, 평론가. 1947년 노벨문학상 수상자.
대표작 《좁은 문》.

당신 그대로의 모습으로 미움받는

것이 당신답지 못한 모습으로

사랑받는 것보다 낫다.

당신 그대로의 모습으로 미움받는
것이 당신답지 못한 모습으로
사랑받는 것보다 낫다.

사람은 흔히 슬픔을 세나,
만약 기쁨을 센다면 훨씬 행복해질 것이다.

– 도스토옙스키

러시아 소설가, 비평가, 사상가.
대표작 《죄와 벌》.

# 사람은 흔히 슬픔을 세나, 만약

사람은 흔히 슬픔을 세나, 만약

# 기쁨을 센다면 훨씬 행복해질 것이다.

기쁨을 센다면 훨씬 행복해질 것이다.

# 사람은 흔히 슬픔을 세나, 만약

사람은 흔히 슬픔을 세나, 만약

기쁨을 센다면 훨씬 행복해질 것이다.

기쁨을 센다면 훨씬 행복해질 것이다.

사람은 흔히 슬픔을 세나, 만약

사람은 흔히 슬픔을 세나, 만약

기쁨을 센다면 훨씬 행복해질 것이다.

기쁨을 센다면 훨씬 행복해질 것이다.

사람은 흔히 슬픔을 세나, 만약

기쁨을 센다면 훨씬 행복해질 것이다.

사람은 흔히 슬픔을 세나, 만약

기쁨을 센다면 훨씬 행복해질 것이다.

생각하는 대로 살아라.
그러지 않으면 사는 대로 생각하게 된다.

− 폴 발레리

프랑스 시인. 윤동주가 사랑한 시인으로 알려졌다.

# 생각하는 대로 살아라. 그러지

# 않으면 사는 대로 생각하게 된다.

# 생각하는 대로 살아라. 그러지

않으면 사는 대로 생각하게 된다.

생각하는 대로 살아라. 그러지

않으면 사는 대로 생각하게 된다.

남보다 뛰어나다고 해서
고귀한 사람이 되는 것은 아니다.
과거의 자신보다 뛰어난 자가
결국 고귀한 사람이 되는 것이다.

– 어니스트 헤밍웨이

미국 소설가. 퓰리처상과 노벨문학상 수상자. 대표작 《노인과 바다》.

# 남보다 뛰어나다고 해서
# 고귀한 사람이 되는 것은 아니다.
# 과거의 자신보다 뛰어난 자가

# 결국 고귀한 사람이 되는 것이다.
결국 고귀한 사람이 되는 것이다.

남보다 뛰어나다고 해서
고귀한 사람이 되는 것은 아니다.
과거의 자신보다 뛰어난 자가
결국 고귀한 사람이 되는 것이다.
남보다 뛰어나다고 해서
고귀한 사람이 되는 것은 아니다.
과거의 자신보다 뛰어난 자가
결국 고귀한 사람이 되는 것이다.

혼자 있을 때 우리는 비로소
자신의 삶과 추억, 주변의 소소한 것들에
열정적인 관심을 지닐 수 있다.

— 버지니아 울프

영국 작가, 소설가.
20세기 영미 모더니즘 문학에서 가장 중요한 작가 중 한 사람.

---

혼자 있을 때 우리는 비로소 자신의

삶과 추억, 주변의 소소한 것들에

열정적인 관심을 지닐 수 있다.

혼자 있을 때 우리는 비로소 자신의
삶과 추억, 주변의 소소한 것들에
열정적인 관심을 지닐 수 있다.

무엇을 해본 뒤에 후회하는 편이
하지 않고 후회하는 것보다 훨씬 낫다.

― 보카치오

이탈리아 소설가, 시인.
유럽 근대문학의 선구자로 추앙받는다. 《데카메론》의 저자.

무엇을 해본 뒤에 후회하는 편이

무엇을 해본 뒤에 후회하는 편이

하지 않고 후회하는 것보다 훨씬 낫다.

하지 않고 후회하는 것보다 훨씬 낫다.

무엇을 해본 뒤에 후회하는 편이

무엇을 해본 뒤에 후회하는 편이

하지 않고 후회하는 것보다 훨씬 낫다.

하지 않고 후회하는 것보다 훨씬 낫다.

무엇을 해본 뒤에 후회하는 편이

무엇을 해본 뒤에 후회하는 편이

하지 않고 후회하는 것보다 훨씬 낫다.

하지 않고 후회하는 것보다 훨씬 낫다.

무엇을 해본 뒤에 후회하는 편이

하지 않고 후회하는 것보다 훨씬 낫다.

무엇을 해본 뒤에 후회하는 편이

하지 않고 후회하는 것보다 훨씬 낫다.

누구도 자신을 믿어주지 않을 때
스스로를 믿는 것,
이것이 챔피언이 되는 길이다.

– 슈거 레이 로빈슨

미국 권투 선수. 복싱 역사상 최고의 아웃복서로 평가받는다.

# 누구도 자신을 믿어주지 않을 때 스스로를 믿는 것, 이것이 챔피언이 되는 길이다.

누구도 자신을 믿어주지 않을 때
스스로를 믿는 것, 이것이 챔피언이
되는 길이다.

사람의 성품은
역경을 이겨낼 때가 아니라
권력이 주어질 때 가장 잘 드러난다.

- 에이브러햄 링컨

미국 제16대 대통령. 노예제를 폐지하고 강대국 미국의 기반을 만들었다.

사람의 성품은 역경을 이겨낼 때가
아니라 권력이 주어질 때
가장 잘 드러난다.

사람의 성품은 역경을 이겨낼 때가
아니라 권력이 주어질 때
가장 잘 드러난다.

발견이란 모두가 보는 것을 보면서
아무도 생각지 못한 것을 생각하는 것이다.

– 얼베르트 센트죄르지

헝가리 태생의 미국 생화학자. 1937년 노벨생리의학상을 수상했다.

발견이란 모두가 보는 것을 보면서

아무도 생각지 못한 것을

생각하는 것이다.

발견이란 모두가 보는 것을 보면서
아무도 생각지 못한 것을 생각하는
생각하는 것이다.

세상에서 가장 외로운 이는
듣기 싫은 진실을 말해줄 친구가
없는 사람이다.

– 마크 트웨인

미국 소설가. 《톰소여의 모험》이 대표작이다.

세상에서 가장 외로운 이는

듣기 싫은 진실을 말해줄 친구가

없는 사람이다.

세상에서 가장 외로운 이는
듣기 싫은 진실을 말해줄 친구가
없는 사람이다.

어디서든 어떤 상황에서든
우리는 살아갈 수 있습니다.
그 기적을 생생하게 간직하세요.
언제나 기적 속에서 살아가세요.

– 헨리 밀러

미국 소설가. 《북회귀선》의 저자.

# 어디서든 어떤 상황에서든

# 우리는 살아갈 수 있습니다.

# 그 기적을 생생하게 간직하세요.

# 언제나 기적 속에서 살아가세요.

언제나 기적 속에서 살아가세요.

어디서든 어떤 상황에서든
우리는 살아갈 수 있습니다.
그 기적을 생생하게 간직하세요.
언제나 기적 속에서 살아가세요.
어디서든 어떤 상황에서든
우리는 살아갈 수 있습니다.
그 기적을 생생하게 간직하세요.
언제나 기적 속에서 살아가세요.

당신이 어디에서 왔는지가 아니라
어디로 가고 있는지가 중요하다.

- 엘라 피츠제럴드

미국 재즈 가수, 영화배우. '재즈'의 여왕'이라는 별칭이 있다.

당신이 어디에서 왔는지가 아니라

당신이 어디에서 왔는지가 아니라

어디로 가고 있는지가 중요하다.

어디로 가고 있는지가 중요하다.

당신이 어디에서 왔는지가 아니라

당신이 어디에서 왔는지가 아니라

어디로 가고 있는지가 중요하다.

어디로 가고 있는지가 중요하다.

당신이 어디에서 왔는지가 아니라

당신이 어디에서 왔는지가 아니라

어디로 가고 있는지가 중요하다.

어디로 가고 있는지가 중요하다.


당신이 어디에서 왔는지가 아니라

어디로 가고 있는지가 중요하다.

당신이 어디에서 왔는지가 아니라

어디로 가고 있는지가 중요하다.

네 장미가 그토록 소중한 것은
그 꽃을 위해 네가 들인 시간 때문이야.

– 생텍쥐페리

프랑스 작가. 전세계 160개 언어로 번역된 《어린 왕자》의 저자.

# 네 장미가 그토록 소중한 것은

네 장미가 그토록 소중한 것은

# 그 꽃을 위해 네가 들인 시간 때문이야.

그 꽃을 위해 네가 들인 시간 때문이야.

# 네 장미가 그토록 소중한 것은

네 장미가 그토록 소중한 것은

그 꽃을 위해 네가 들인 시간 때문이야.
그 꽃을 위해 네가 들인 시간 때문이야.

네 장미가 그토록 소중한 것은
네 장미가 그토록 소중한 것은

그 꽃을 위해 네가 들인 시간 때문이야.
그 꽃을 위해 네가 들인 시간 때문이야.


네 장미가 그토록 소중한 것은
그 꽃을 위해 네가 들인 시간 때문이야.
네 장미가 그토록 소중한 것은
그 꽃을 위해 네가 들인 시간 때문이야.

편견은 내가 다른 사람을
사랑하지 못하게 하고,
오만은 다른 사람이 나를
사랑할 수 없게 만든다.

— 제인 오스틴

영국 소설가. 대표작으로 《오만과 편견》이 있고 영국 소설의 전통을 세운 작가로 평가받는다.

# 편견은 내가 다른 사람을 사랑하지 못하게 하고, 오만은 다른 사람이 나를 사랑할 수 없게 만든다.

편견은 내가 다른 사람을 사랑하지 못하게 하고, 오만은 다른 사람이 나를 사랑할 수 없게 만든다.

절망에 맞서는 가장 좋은 방법은
절망적인 상황을 바꾸기 위해
모든 노력을 다하는 것뿐이다.

― 제인 구달

영국 동물학자, 환경운동가. 침팬지의 어머니로 불린다.

# 절망에 맞서는 가장 좋은 방법은

# 절망적인 상황을 바꾸기 위해

# 모든 노력을 다하는 것뿐이다.

절망에 맞서는 가장 좋은 방법은

절망적인 상황을 바꾸기 위해

모든 노력을 다하는 것뿐이다.

기도로 신의 뜻을 바꿀 수는 없다.
다만 기도하는 사람의 마음을 바꿀 뿐이다.

– 키르케고르

덴마크 철학자, 신학자. 19세기 실존주의의 선구자.

# 기도로 신의 뜻을 바꿀 수는 없다.

# 기도로 신의 뜻을 바꿀 수는 없다.

# 다만 기도하는 사람의 마음을

# 다만 기도하는 사람의 마음을

# 바꿀 뿐이다.

# 바꿀 뿐이다.

기도로 신의 뜻을 바꿀 수는 없다.
다만 기도하는 사람의 마음을
바꿀 뿐이다.

당신의 생각이 얼마나 강력한지
깨닫는다면 당신은 결코 부정적으로
생각하지 않을 것이다.

– 피스 필그림

미국 영적 교사, 평화주의자, 채식주의자, 평화 운동가.

당신의 생각이 얼마나 강력한지

깨닫는다면 당신은 결코 부정적으로

생각하지 않을 것이다.

당신의 생각이 얼마나 강력한지
깨닫는다면 당신은 결코 부정적으로
생각하지 않을 것이다.

나이는 우리를 사랑으로부터
지켜주지 못하지만,
사랑은 우리를 나이로부터 웬만큼 지켜준다.

— 잔 모로

프랑스 영화배우. '누벨바그의 여신'으로 불린다.

# 나이는 우리를 사랑으로부터 지켜주지 못하지만, 사랑은 우리를 나이로부터 웬만큼 지켜준다.

나이는 우리를 사랑으로부터
나이는 우리를 사랑으로부터
지켜주지 못하지만, 사랑은 우리를
지켜주지 못하지만, 사랑은 우리를
나이로부터 웬만큼 지켜준다.
나이로부터 웬만큼 지켜준다.


나이는 우리를 사랑으로부터
지켜주지 못하지만, 사랑은 우리를
나이로부터 웬만큼 지켜준다.

나이가 들수록
많은 걸 포기하게 되는 것이 아니라,
많은 걸 포기하기 때문에
나이가 드는 것이다.

– 시어도어 프랜시스 그린

미국 정치인.

나이가 들수록 많은 걸 포기하게

되는 것이 아니라, 많은 걸 포기하기

때문에 나이가 드는 것이다.

나이가 들수록 많은 걸 포기하게 되는 것이 아니라, 많은 걸 포기하기 때문에 나이가 드는 것이다.

오늘은 당신에게
남아 있는 날들의 첫 번째 날이다.

— 애비 호프먼

미국 정치, 사회활동가이며 아나키스트. 《이 책을 훔쳐라》의 저자.

---

# 오늘은 당신에게 남아 있는 날들의

오늘은 당신에게 남아 있는 날들의

# 첫 번째 날이다.

첫 번째 날이다.

# 오늘은 당신에게 남아 있는 날들의

오늘은 당신에게 남아 있는 날들의

첫 번째 날이다.

오늘은 당신에게 남아 있는 날들의

첫 번째 날이다.

눈물은 사소한 것도 심각하게 만들지만,
웃음은 비참한 것도 사소하게 만든다.

– 세네카

로마 정치인, 사상가, 문학가.
네로 황제의 스승으로도 유명하다.

# 눈물은 사소한 것도 심각하게 만들지만, 웃음은 비참한 것도 사소하게 만든다.

눈물은 사소한 것도 심각하게 만들지만, 웃음은 비참한 것도 사소하게 만든다.

언제 찾아올지 모를
황홀한 경험을 맞이할 수 있도록
언제나 영혼의 문을 살짝 열어둬야 한다.

- 에밀리 디킨슨

미국 시인. 사랑과 이별, 죽음, 영원 등의 소재를 즐겨 썼다.

# 언제 찾아올지 모를 황홀한 경험을

# 언제 찾아올지 모를 황홀한 경험을

# 맞이할 수 있도록 언제나

# 맞이할 수 있도록 언제나

# 영혼의 문을 살짝 열어둬야 한다.

# 영혼의 문을 살짝 열어둬야 한다.

언제 찾아올지 모를 황홀한 경험을

맞이할 수 있도록 언제나

영혼의 문을 살짝 열어둬야 한다.

당신이 살아 있어
조금 더 행복해지는
누군가가 있습니다.

– 랠프 월도 에머슨

미국 사상가, 시인. 대표작 《자연론》, 《대표적 위인론》 등.

당신이 살아 있어 조금 더

당신이 살아 있어 조금 더

행복해지는 누군가가 있습니다.

행복해지는 누군가가 있습니다.

당신이 살아 있어 조금 더

당신이 살아 있어 조금 더

행복해지는 누군가가 있습니다.
행복해지는 누군가가 있습니다.
당신이 살아 있어 조금 더
당신이 살아 있어 조금 더
행복해지는 누군가가 있습니다.
행복해지는 누군가가 있습니다.


당신이 살아 있어 조금 더
행복해지는 누군가가 있습니다.
당신이 살아 있어 조금 더
행복해지는 누군가가 있습니다.

사랑에 자존심이 개입하는 것은
상대보다 자기 자신을 더 사랑하기 때문이다.

― 서머싯 몸

영국 작가. 대표작 《달과 6펜스》, 《면도날》 등.

# 사랑에 자존심이 개입하는 것은

# 상대보다 자기 자신을

# 더 사랑하기 때문이다.

사랑에 자존심이 개입하는 것은

상대보다 자기 자신을

더 사랑하기 때문이다.

스스로를 존중하는 사람은
모든 사람의 존중을 받는다.

− 괴테

독일 시인, 극작가.
대표작 《파우스트》, 《젊은 베르테르의 슬픔》 등.

스스로를 존중하는 사람은

모든 사람의 존중을 받는다.

스스로를 존중하는 사람은

모든 사람의 존중을 받는다.
모든 사람의 존중을 받는다.
스스로를 존중하는 사람은
스스로를 존중하는 사람은
모든 사람의 존중을 받는다.
모든 사람의 존중을 받는다.

스스로를 존중하는 사람은
모든 사람의 존중을 받는다.
스스로를 존중하는 사람은
모든 사람의 존중을 받는다.

간절히 원하는 일을 하기 시작하는 순간,
인생에서 '일'이라는 것은
더 이상 존재하지 않게 된다.

– 브라이언 트레이시

캐나다 비즈니스 컨설턴트, 전문 연설가.

간절히 원하는 일을 하기 시작하는

순간, 인생에서 '일'이라는 것은

더 이상 존재하지 않게 된다.

간절히 원하는 일을 하기 시작하는
순간, 인생에서 '일'이라는 것은
더 이상 존재하지 않게 된다.

어리석은 사람은 멀리서 행복을 찾고,
현명한 사람은 자기 발치에서
행복을 키워간다.

– 제임스 오펜하임

미국 시인. 시 〈빵과 장미〉로 유명하다.

어리석은 사람은 멀리서

행복을 찾고, 현명한 사람은

자기 발치에서 행복을 키워간다.

어리석은 사람은 멀리서
행복을 찾고, 현명한 사람은
자기 발치에서 행복을 키워간다.

가장 나다운 모습으로
살아갈 준비가 되었을 때
비로소 행복의 정점에 도달할 수 있다.

– 에라스무스

네덜란드 철학자, 인문학자.
르네상스 시기의 가장 중요한 학자 중 한 사람.

가장 나다운 모습으로 살아갈

준비가 되었을 때 비로소

행복의 정점에 도달할 수 있다.

가장 나다운 모습으로 살아갈
준비가 되었을 때 비로소
행복의 정점에 도달할 수 있다.

운명은 우리를 행복하게 해주지도
불행하게 만들지도 않는다.
다만 그 재료와 씨앗을 제공할 뿐이다.

– 몽테뉴

프랑스 사상가, 도덕주의자. 《수상록》의 저자.

# 운명은 우리를 행복하게 해주지도

# 불행하게 만들지도 않는다. 다만

# 그 재료와 씨앗을 제공할 뿐이다.

운명은 우리를 행복하게 해주지도
불행하게 만들지도 않는다. 다만
그 재료와 씨앗을 제공할 뿐이다.

여행을 떠나는 것이 가슴 설레는 일이라면
여행에서 돌아오는 것은 황홀한 일이다.

– 애거사 크리스티

영국 작가. '추리소설의 여왕'이라 불린다.

# 여행을 떠나는 것이 가슴 설레는 일이라면 여행에서 돌아오는 것은 황홀한 일이다.

여행을 떠나는 것이 가슴 설레는
일이라면 여행에서 돌아오는 것은
황홀한 일이다.

먼저 필요한 일을 하라.
그 다음에는 가능한 일을 하라.
그러면 어느 순간 불가능한 일을
할 수 있게 된다.

– 성 프란체스코

이탈리아 수도사. '빈자의 성인', '예수 그리스도와 가장 닮은 그리스도인'으로 불린다.

먼저 필요한 일을 하라. 그 다음에는 가능한 일을 하라. 그러면 어느 순간 불가능한 일을 할 수 있게 된다.

먼저 필요한 일을 하라. 그 다음에는 가능한 일을 하라. 그러면 어느 순간 불가능한 일을 할 수 있게 된다.

바보는 자기가 현명하다고 생각하지만,
현자는 자신이 바보라는 것을 안다.

— 셰익스피어

영국 극작가. 대표작 《햄릿》, 《로미오와 줄리엣》 등.

---

바보는 자기가 현명하다고
생각하지만, 현자는 자신이
바보라는 것을 안다.

바보는 자기가 현명하다고
생각하지만, 현자는 자신이
바보라는 것을 안다.

선한 마음을 지닌 것만으로는
충분하지 않다.
중요한 것은 그 마음을 잘 쓰는 것이다.

– 데카르트

프랑스 철학자, 수학자, 물리학자. 서양 근대철학의 아버지로 불린다.

선한 마음을 지닌 것만으로는

충분하지 않다. 중요한 것은

그 마음을 잘 쓰는 것이다.

선한 마음을 지닌 것만으로는
충분하지 않다. 중요한 것은
그 마음을 잘 쓰는 것이다.

어떤 말을 만 번 넘게 되풀이하면
언젠가 그 일이 이루어진다.

— 인디언 격언

---

# 어떤 말을 만 번 넘게 되풀이하면
어떤 말을 만 번 넘게 되풀이하면
# 언젠가 그 일이 이루어진다.
언젠가 그 일이 이루어진다.
# 어떤 말을 만 번 넘게 되풀이하면
어떤 말을 만 번 넘게 되풀이하면

언젠가 그 일이 이루어진다.
언젠가 그 일이 이루어진다.
어떤 말을 만 번 넘게 되풀이하면
어떤 말을 만 번 넘게 되풀이하면
언젠가 그 일이 이루어진다.
언젠가 그 일이 이루어진다.


어떤 말을 만 번 넘게 되풀이하면
언젠가 그 일이 이루어진다.
어떤 말을 만 번 넘게 되풀이하면
언젠가 그 일이 이루어진다.

하루하루 자신에게 무슨 일이 생길지는
아무도 알 수 없다.
중요한 것은 마음을 활짝 열고
그 일을 받아들일 준비를 하는 것이다.

– 헨리 무어

영국 조각가. 현대 조각의 개척자로 평가받는다.

---

# 하루하루 자신에게 무슨 일이

# 하루하루 자신에게 무슨 일이

# 생길지는 아무도 알 수 없다.

# 생길지는 아무도 알 수 없다.

# 중요한 것은 마음을 활짝 열고

# 중요한 것은 마음을 활짝 열고

그 일을 받아들일 준비를 하는 것이다.
그 일을 받아들일 준비를 하는 것이다.

하루하루 자신에게 무슨 일이
생길지는 아무도 알 수 없다.
중요한 것은 마음을 활짝 열고
그 일을 받아들일 준비를 하는 것이다.
하루하루 자신에게 무슨 일이
생길지는 아무도 알 수 없다.
중요한 것은 마음을 활짝 열고
그 일을 받아들일 준비를 하는 것이다.

문을 계속 두드리면 결국
누군가 깨어나 문을 열어줄 것이다.

– 헨리 워즈워스 롱펠로

미국 시인. 장시 〈에반젤린〉, 〈하이어워사의 노래〉 등이 유명하다.

문을 계속 두드리면 결국

문을 계속 두드리면 결국

누군가 깨어나 문을 열어줄 것이다.

누군가 깨어나 문을 열어줄 것이다.

문을 계속 두드리면 결국

문을 계속 두드리면 결국

누군가 깨어나 문을 열어줄 것이다.
누군가 깨어나 문을 열어줄 것이다.
문을 계속 두드리면 결국
문을 계속 두드리면 결국
누군가 깨어나 문을 열어줄 것이다.
누군가 깨어나 문을 열어줄 것이다.

문을 계속 두드리면 결국
누군가 깨어나 문을 열어줄 것이다.
문을 계속 두드리면 결국
누군가 깨어나 문을 열어줄 것이다.

한가하다는 것은
할 일이 없다는 뜻이 아니라
무엇이든 할 수 있는 여유가
생겼다는 의미다.

― 플로이드 델

미국 소설가, 평론가. 소설 《몽상가》, 《들장미의 숲》 등이 있다.

한가하다는 것은 할 일이 없다는

뜻이 아니라 무엇이든 할 수 있는

여유가 생겼다는 의미다.

한가하다는 것은 할 일이 없다는
뜻이 아니라 무엇이든 할 수 있는
여유가 생겼다는 의미다.

행복하려면 행복해야 할 이유가 있어야 하고,
행복해야 할 이유를 찾으면 저절로 행복해진다.

― 빅터 프랭클

오스트리아 태생 유대인. 제2차 세계대전 때 강제수용소에서 생존한 신경학자.
《죽음의 수용소에서》의 저자.

---

행복하려면 행복해야 할 이유가
있어야 하고, 행복해야 할 이유를
찾으면 저절로 행복해진다.

행복하려면 행복해야 할 이유가
있어야 하고, 행복해야 할 이유를
찾으면 저절로 행복해진다.

자신을 사랑하면
모든 것이 제대로 굴러간다.
무언가를 성취하고 싶다면
진실로 자신을 사랑하라.

— 루실 볼

미국 코미디언, 영화배우. '코미디의 여왕'이란 별칭이 있다.

---

자신을 사랑하면 모든 것이 제대로

자신을 사랑하면 모든 것이 제대로

굴러간다. 무언가를 성취하고

굴러간다. 무언가를 성취하고

싶다면 진실로 자신을 사랑하라.

싶다면 진실로 자신을 사랑하라.

자신을 사랑하면 모든 것이 제대로
굴러간다. 무언가를 성취하고
싶다면 진실로 자신을 사랑하라.

타인을 정복하는 사람은 강하지만
자기 자신을 정복하는 사람은 위대하다.

– 노자
중국 춘추시대의 사상가.
도가철학의 시조이며 《도덕경》의 지은이로 전한다.

타인을 정복하는 사람은 강하지만
타인을 정복하는 사람은 강하지만
자기 자신을 정복하는 사람은
자기 자신을 정복하는 사람은
위대하다.
위대하다.

타인을 정복하는 사람은 강하지만
자기 자신을 정복하는 사람은
위대하다.

마음이 공허하다는 것은
무언가를 찾고 있다는 뜻이다.

– 파스칼

프랑스 수학자, 물리학자, 철학자.
대표작 《팡세》.

---

# 마음이 공허하다는 것은

마음이 공허하다는 것은

# 무언가를 찾고 있다는 뜻이다.

무언가를 찾고 있다는 뜻이다.

# 마음이 공허하다는 것은

마음이 공허하다는 것은

무언가를 찾고 있다는 뜻이다.

무언가를 찾고 있다는 뜻이다.

마음이 공허하다는 것은

마음이 공허하다는 것은

무언가를 찾고 있다는 뜻이다.

무언가를 찾고 있다는 뜻이다.

마음이 공허하다는 것은

무언가를 찾고 있다는 뜻이다.

마음이 공허하다는 것은

무언가를 찾고 있다는 뜻이다.

선한 행동을 꾸준히 하다 보면
자신도 모르게 선한 사람으로
변해 있을 것이다.

– 루이스 오친클로스

미국 변호사, 소설가, 역사학자, 수필가.

---

# 선한 행동을 꾸준히 하다 보면
# 선한 행동을 꾸준히 하다 보면
# 자신도 모르게 선한 사람으로
# 자신도 모르게 선한 사람으로
# 변해 있을 것이다.
# 변해 있을 것이다.

선한 행동을 꾸준히 하다 보면
자신도 모르게 선한 사람으로
변해 있을 것이다.

어려워서 못 하는 것이 아니라
시도하지 못해서 어려운 것이다.

− 세네카

로마 정치인, 사상가, 문학가.
네로 황제의 스승으로도 유명하다.

---

# 어려워서 못 하는 것이 아니라

어려워서 못 하는 것이 아니라

# 시도하지 못해서 어려운 것이다.

시도하지 못해서 어려운 것이다.

# 어려워서 못 하는 것이 아니라

어려워서 못 하는 것이 아니라

시도하지 못해서 어려운 것이다.
시도하지 못해서 어려운 것이다.
어려워서 못 하는 것이 아니라
어려워서 못 하는 것이 아니라
시도하지 못해서 어려운 것이다.
시도하지 못해서 어려운 것이다.


어려워서 못 하는 것이 아니라
시도하지 못해서 어려운 것이다.
어려워서 못 하는 것이 아니라
시도하지 못해서 어려운 것이다.

아모르파티.
내 운명을 사랑하자.

– 니체

독일 철학자, 시인. 실존 철학의 선구자다.
대표작 《차라투스트라는 이렇게 말했다》.

아모르파티. 내 운명을 사랑하자.

아모르파티. 내 운명을 사랑하자.

아모르파티. 내 운명을 사랑하자.

아모르파티. 내 운명을 사랑하자.

아모르파티. 내 운명을 사랑하자.

아모르파티. 내 운명을 사랑하자.

아모르파티. 내 운명을 사랑하자.

아모르파티. 내 운명을 사랑하자.

그럼에도 나는
행복한 사람입니다.

— 타샤 튜더
미국 동화작가, 삽화가, 자연주의자.

그럼에도 나는 행복한 사람입니다.

그럼에도 나는 행복한 사람입니다.

그럼에도 나는 행복한 사람입니다.

그럼에도 나는 행복한 사람입니다.

그럼에도 나는 행복한 사람입니다.

그럼에도 나는 행복한 사람입니다.

엄마를 위한 큰글씨 손글씨
## 1일 1장 아모르파티
나를 사랑하게 되는 문장 따라 쓰기

**1판 1쇄 발행일**    2021년 2월 1일

**발행처**    독개비출판사
**발행인**    박선정, 이은정
**편 집**    이세영
**디자인**    새와나무

**출판등록**    제 2021-000006호
**주 소**    경기 고양시 덕양구 능곡로13번길 20, 402호
**팩 스**    0504-400-6875
**이메일**    dkbook2021@gmail.com

**ISBN**    979-11-973490-0-3  03640

ⓒ 독개비

이 책은 저작권법에 따라 보호받는 저작물이므로 무단 전재와 복제를 금지하며, 이 책 내용의 전부 또는 일부를 이용하려면 반드시 저작권자와 독개비출판사의 서면 동의를 받아야 합니다.

* 파본이나 잘못된 책은 구입하신 곳에서 바꿔드립니다.